# ANALIZA KSIĄŻKI

# Pantagruel

• • • • • • • • • • • • • • • • •

## FRANÇOIS RABELAIS

# ANALIZA KSIĄŻKI

Napisany przez Nathalie Roland
Przetłumaczony przez Kâmil Kowalski

# Pantagruel

## FRANÇOIS RABELAIS

# FRANÇOIS RABELAIS

## FRANCUSKI PISARZ HUMANISTYCZNY

- **Urodził się w Chinon (Francja) około 1494 roku.**

- **Zmarł w Paryżu w 1553 roku.**

- **Godne uwagi prace:**

- *Pantagruel* (1532), powieść

- *Gargantua* (1534), powieść

- *Trzecia księga* (1546), powieść

François Rabelais urodził się około 1494 roku. Był synem prawnika, ale około 1510 roku postanowił przyjąć święcenia kapłańskie. Ludzie pióra, zarówno mnisi jak i świeccy, dzielili się z nim swoją pasją do starożytności i humanizmu.

Rabelais z nieznanych powodów opuścił w 1527 r. stan duchowny i udał się na studia medyczne na uniwersytecie w Montpellier. Następnie przeniósł się do Lyonu, gdzie pisał humorystyczne pamflety i zaczął korespondować z Erazmem (holenderski humanista, 1469-1536). Wydał też swoje pierwsze dwie książki (*Pantagruel* i *Gargantua*), które zostały ocenzurowane przez kolegium Sorbony. Rabelais został następnie sekretarzem Jeana du Bellay (francuski biskup i dyplomata, 1492/98-1560), któremu towarzyszył do Rzymu. Od 1546 roku zaczął publikować sequele swoich książek, co było decyzją, która przysporzyła mu sporo kłopotów z Sorboną. Jakiś czas później kardynałowi udało się załatwić mu stanowisko wikariusza w Meudon, z którego zrezygnował w 1553 roku.

Rabelais był człowiekiem oryginalnym, kultowym i jowialnym. Zmarł w 1553 roku w Paryżu.

# PANTAGRUEL

## NIEZWYKLE BARWNA KSIĄŻKA

- **Gatunek:** powieść

- **Wydanie referencyjne:** Rabelais, F. (2006) *Gargantua i Pantagruel*. Trans. Screech, M.A. London: Penguin.

- Pierwsze **wydanie:** 1532

- **Tematyka:** edukacja, parodia, chrześcijaństwo, język, gigantyzm

Pantagruel to pierwsza książka z serii pięciu, obok *Gargantui*, *Trzeciej Księgi*, *Czwartej Księgi* i *Piątej Księgi*. Opowiada o przygodach olbrzyma o nienasyconym apetycie (od którego pochodzi przymiotnik pantagruelski), który opuszcza swoje królestwo, Utopię, by studiować na różnych uniwersytetach we Francji.

Książka, która została napisana pod pseudonimem Alcofribas Nasier (anagram François Rabelais), aby uniknąć cenzury, odniosła wielki sukces, gdy została po raz pierwszy opublikowana w 1532 roku, ale wkrótce została potępiona przez Sorbonę (1534). W istocie, w tej książce, napisanej dosadnym i bezpośrednim językiem, Rabelais oferuje meandryczny opis społeczeństwa swoich czasów i wyśmiewa swoich współczesnych i ich wiedzę.

# STRESZCZENIE

## PROLOG

Rabelais zwraca się do swoich czytelników i przedstawia *Pantagruela* jako cudowne lekarstwo na wszystkie choroby.

## ROZDZIAŁY 1-22

Autor ustala pochodzenie Pantagruela, opisując całe jego drzewo genealogiczne: podaje nam mieszankę imion z Biblii, mitologii klasycznej i romansów rycerskich.

Badebec rodzi Pantagruela (którego imię oznacza "wszelkie pragnienie", s. 24), a także mężczyzn, książki i napoje, co jest przydatne, ponieważ znajdują się w środku suszy. Umiera ona przy porodzie, pozostawiając ojca Pantagruela, Gargantuę, w zakłopotaniu: czy powinien płakać z powodu śmierci żony, czy śmiać się z powodu narodzin syna? Decyduje się na maksymalne wykorzystanie swojego szczęścia, ponieważ płacz nie przywróci mu żony.

Pantagruel, choć jest jeszcze dzieckiem, popełnia "najstraszniejsze czyny" (s. 27): ucieka z kołyski, choć jest do niej przykuty, i pożera wszystko na swojej drodze, w tym mleko setek krów i zawartość ogromnego koryta. Jego edukacja rozpoczyna się w Poitiers, a następnie odwiedza uniwersytety w Bordeaux i Tuluzie, gdzie uczy się tańca i walki na miecze. Następnie udaje się do Montpellier, aby studiować medycynę, ale rezygnuje z niej. Po drodze buduje Pont du Gard.

Jego nauczyciel Epistemon zabiera go następnie do Valence, Angers i Bourges, gdzie studiuje prawo. W końcu udaje się do Orleanu.

W drodze do Paryża Pantagruel spotyka ucznia, który popisuje się mówiąc niezrozumiałym żargonem będącym mieszanką łaciny i francuskiego. Szybko stawia chłopca na swoim miejscu. Przed dotarciem do Paryża udaje mu się również podnieść bardzo ciężki dzwon, który zapadł się pod ziemię. Gdy Paryżanie dowiadują się o tym, wszyscy pędzą na spotkanie z nim. Wizytuje bibliotekę Świętego Wiktora, gdzie znajduje imponujący zbiór książek o różnej tematyce, w tym o prawie, teologii i naukach przyrodniczych.

Pantagruel otrzymuje list od ojca, w którym wyjaśnia on znaczenie edukacji, a w szczególności nauki języka. W przeciwieństwie do Gargantui, Pantagruel żyje w nowej epoce z wynalazkami, które wydają się pochodzić z "boskiego natchnienia" (s. 47), takimi jak druk.

Pantagruel widzi rannego mężczyznę i idzie z nim porozmawiać. Mężczyzna odpowiada mu jednak po niemiecku. Kiedy olbrzymowi nie udaje się go zrozumieć, nieznajomy próbuje serii języków, w tym hiszpańskiego, indyjskiego, włoskiego, duńskiego i holenderskiego. W końcu rozumieją się po francusku. Nieznajomy nazywa się Panurge, a Pantagruel zaprzyjaźnia się z nim.

Pantagruel organizuje publiczne debaty na najbardziej niejasne tematy naukowe, aby sprawdzić swoją wiedzę. Błyszczy się, gdy stawia czoła profesorom, studentom i teologom. Niektórzy profesorowie uniwersyteccy proszą Pantagruela o pomoc w rozwiązaniu bardzo skomplikowanego problemu prawnego. Olbrzym ma być sędzią w procesie między dwoma lordami, le Sieur de Bumkis i le Sieur de Slurp-ffart. Kiedy Bumkis zaczyna mówić, jego mowa jest niejasna, pełna technicznych terminów i gry słów. Język Slurp-ffarta jest równie niemożliwy do zrozumienia. Pantagruel pyta obecnych tam uczonych, ale żaden z nich nie chce podjąć decyzji. Pozostawiają więc wyrok olbrzymowi, który wygłasza go językiem równie dziwacznym jak język obu panów.

Jego osąd przyniósł Pantagruelowi wielką sławę. Tymczasem Panurge opowiada o swoich perypetiach: dostał się do niewoli Turków, którzy chcieli go ugotować, ale udało mu się uciec, podpalając miasto. Krytykuje mury Paryża, "ponieważ jednym pierdnięciem krowa mogłaby rozwalić więcej niż sześć rozpiętości ramion" (s. 81). Proponuje zbudowanie nowego muru przy użyciu "cienkich babek" (tamże).

Panurge zawsze nosi przy sobie małe sakiewki wypełnione składnikami, których używa do swoich praktycznych żartów, takimi jak proszek na swędzenie i rzeczy do plamienia ubrań. Ciągle brakuje mu pieniędzy i nie ma skrupułów, aby oszukiwać lub okradać ludzi. Ponadto znalazł sposób na zarabianie pieniędzy poprzez kradzież srebra z relikwii. Opowiada również Pantagruelowi o swoich procesach: w szczególności wezwał kobiety przed sąd za noszenie wysoko wyciętych kołnierzy, aby powstrzymać mężczyzn przed dotykaniem ich.

Angielski uczony Thaumaste słyszał o mądrości Pantagruela i chce z nim publicznie debatować, ale tylko za pomocą znaków. Panurge proponuje, że zastąpi swojego przyjaciela, przekonany, że "przed całym światem sprawię, że będzie srał octem" (s. 101). Anglik zaczyna mimować, a Panurge odpowiada. Każdy z ekspertów inaczej interpretuje tę "dyskusję". Thaumaste dziękuje Panurge i Pantagruelowi, uznając ich wyższą wiedzę. W rezultacie Panurge staje się sławny w Paryżu. Zbliża się do wysoko postawionej kobiety, ale ona go odrzuca i każe mu przestać się nią interesować. Panurge na próżno próbuje uwieść ją hojnymi prezentami. Następnie odegrał się na niej, posypując jej suknię pudrem; to natychmiast przyciąga psy, które oddają na nią mocz.

## ROZDZIAŁY 22-34

Pantagruel wraca na Utopię po najeździe Dipsodów i wyparciu Gargantui. Zanim wyruszy, Pantagruel otrzymuje list od kochanki. Zdezorientowany przez pusty list zawierający złoty pierścień, Pantagruel prosi Panurge o pomoc. Zwracają się do książek, aby dowiedzieć się, dlaczego atrament stał się niewidzialny, zanim w końcu zda sobie sprawę, że tekst jest wygrawerowany na pierścieniu.

Zaraz po przybyciu do Utopii Pantagruel i Panurge zostają zaatakowani przez 600 jeźdźców. Panurge i jego towarzysze palą ich i biorą jednego do niewoli. Następnie organizują ucztę, a Pantagruel przesłuchuje więźnia. Dowiaduje się, że ich wróg, król Anarch, ma ogromną armię złożoną z olbrzymów dowodzonych przez Loup Garou, piechurów, pionierów, goblinów, armat i prostytutek.

Pantagruel stawia pomnik na pamiątkę zwycięstwa swoich towarzyszy. Tworzy mężczyzn i kobiety poprzez puszczanie bąków; nazywa ich pigmejami i wysyła na pobliską wyspę.

Pantagruel uwalnia więźnia, aby mógł opowiedzieć swoim ludziom o swoich wyczynach i daje mu napój, który ma dostarczyć swojemu królowi. Kiedy król i jego generałowie piją płyn, zaczynają cierpieć z powodu nieugaszonego pragnienia. Pantagruel wysyła swoich towarzyszy, by podpalili obóz wroga, po czym posypuje go solą i zalewa swoim moczem. Olbrzymom udaje się uratować króla przed utonięciem. Modląc się, by Bóg go chronił, Pantagruel walczy z olbrzymem Loup Garou, który powołuje się na Mahometa.

Choć wygrał bitwę, Pantagruel opłakuje swojego nauczyciela Epistemona, któremu odcięto głowę. Mimo to, Panurge udaje się go uzdrowić. Teraz, po powrocie do życia, Epistemon opowiada o swojej podróży do piekła, gdzie spotkał szereg prawdziwych i fikcyjnych sławnych postaci ze starożytności i średniowiecza, a także papieży.

Pantagruel zostaje powitany przez bohaterów w swojej ojczyźnie i wyrusza z kilkoma wojownikami do krainy Dipsodów, aby założyć kolonię. Karze króla Dipsodów, zamieniając go w krupnik z zielonym sosem i żeniąc go ze starą kobietą.

Narrator, Alcofrybas Nasier, odwiedza wnętrze olbrzyma, gdzie znajduje się cały świat z wieloma miastami i mieszkańcami.

Pantagruel choruje: zostaje oczyszczony i wysłani zostają ludzie, którzy mają odblokować jego żołądek.

Narrator obiecuje, że kolejna część historii zostanie opowiedziana na nadchodzącym jarmarku i zapowiada nadchodzące przygody. Na zakończenie krytykuje ludzi, którzy czytają książkę tylko po to, by móc ją zaatakować.

# STUDIUM POSTACI

## PANTAGRUEL

Jest olbrzymim synem Gargantui i Badebeka. Kiedy się urodził, był już duży, przystojny i owłosiony. Dzięki szacunkowi dla obowiązków rodzinnych i poczuciu honoru Pantagruel jest zawsze gotowy do pomocy: na przykład buduje most, przepędza zbójców, stawia pedanta na swoim miejscu i wyciąga z ziemi dzwon. Aby nie zawieść ojca, pilnie się uczy i sprawdza swoją wiedzę w publicznych debatach. Jego sądy są pełne zdrowego rozsądku, a on sam wykazuje się "nadludzką mądrością" (s. 73). Mimo to jest skromny i nie uważa, że jest doskonały. Jest bardzo pobożny i ilustruje idee Rabelais'go dotyczące religii.

## GARGANTUA

Gargantua jest ojcem Pantagruela i mężem Badebeka. Przywiązuje dużą wagę do małżeństwa i kontynuacji linii. Reprezentuje tradycyjną wiedzę, którą krytykuje: nie chce, by jego syn podążał tą samą drogą. List, który wysyła do Pantagruela, można potraktować jako rodzaj duchowego testamentu, w którym wyjaśnia znaczenie nie tylko wiedzy uniwersalnej, ale także wartości i cnót, które należy nabyć (rozdział 8).

## PANURGE

Panurge pochodzi z Francji, ale został wzięty do niewoli przez Turków i mówi wieloma językami. Przyjaźni się z Pantagruelem i jest bon vivantem, który docenia wszystkie przyjemności w życiu: jedzenie, picie i seks. Bardzo interesują go kobiety i ma długą listę podbojów. Jest postacią, którą najlepiej opisać z fizycznego i psychologicznego punktu widzenia: to szczupły, sympatyczny, 35-letni mężczyzna średniego wzrostu z akwilinowym nosem. Jest również wędrowcem, rozrzutnikiem i złodziejem. Ma złośliwy charakter i zawsze nosi przy sobie małe sakiewki wypełnione składnikami, których używa do swoich żartów: używa proszku do swędzenia, plami delikatne ubrania, pierdzi i kradnie srebrne naczynia (rozdział 16). Jest pomysłowy i przebiegły, kilkakrotnie przychodzi z pomocą Pantagruelowi i jego towarzyszom: podczas sporu z Thaumaste (rozdziały 18-20), przy rozwiązywaniu zagadki niewidzialnego atramentu (rozdział 24) oraz podczas walki z Dipsodami, gdzie demonstruje swoje umiejętności jako lekarz.

# ANALIZA

## EDUKACJA

### Co składa się na dobrą edukację?

Jako humanista Rabelais przywiązuje dużą wagę do edukacji i nauczania, zwłaszcza języków. List, który Gargantua pisze do syna, by zachęcić go do nauki w całej Francji (w taki sposób ludzie prowadzili studia w [XVI] wieku), jest tego dobrą ilustracją: służy jako argument na rzecz humanistycznego wykształcenia.

Po krytyce średniowiecznego nauczania Gargantua wyjaśnia Pantagruelowi (i czytelnikowi) znaczenie nauki. Pozwoli mu to osiągnąć renesansowe ideały wiedzy i cnoty. Ojciec zachęca go, by stał się "otchłanią erudycji" (s. 49), co oznacza, że powinien zdobyć całą ówczesną wiedzę. Chodzi tu o języki starożytne (łacinę, grekę, hebrajski, chaldejski i arabski), siedem sztuk wyzwolonych (podstawowa wiedza w średniowieczu obejmująca gramatykę, retorykę, dialektykę, arytmetykę, muzykę, geometrię i astronomię), prawo cywilne, historię naturalną, medycynę, sztukę wojenną, teksty biblijne i teksty starożytne, w szczególności teksty moralistów takich jak Plutarch. W ten sposób Rabelais przekazuje swoje przesłanie, że dobre wykształcenie pozwala na zdobycie wiedzy uniwersalnej.

# 👁 Dobrze wiedzieć: humanizm

Humanizm, który powstał we Włoszech w XIII wieku, a następnie rozprzestrzenił się w całej Europie do XVI wieku, odnosi się do ruchu całkowitej odnowy w sztuce i myśli. Uczeni pozostawili za sobą dziedzictwo średniowiecza, które było postrzegane jako "ciemny" okres (s. 47), aby przywrócić wiedzę starożytności (postrzeganej jako chwalebna przeszłość), położyć większy nacisk na człowieka, który musi być wykształcony, i pogodzić te dwie idee z chrześcijaństwem. Warto zauważyć, że w przypadku Rabelais'go specjaliści mówią o chrześcijańskim humanizmie: podobnie jak inni autorzy, był on bardzo zainteresowany kwestiami religijnymi, w szczególności obiegiem tłumaczenia Biblii, które pozostawało wierne oryginalnemu tekstowi.

## Edukacja czytelnika

Przez cały tekst Rabelais stara się edukować swojego czytelnika. Przede wszystkim włącza do swojej powieści elementy z całej wiedzy ludzkiej w XVI wieku:

- czyni wiele aluzji do postaci biblijnych (Noe, s. 15), ludzi i bohaterów z greckiej, rzymskiej i wschodniej starożytności (Archimedes, s. 38; Owidiusz, s. 18; Eneasz i Dydona, s. 122; Sennacheryb, s. 140), pisarzy i rycerzy średniowiecza (Franciszek Villon, s. 152; Król Artur, s. 149) oraz humanistów (Pico della Mirandola, s. 58);

- wysuwa listę książek, które są klasykami w swojej dziedzinie (za każdym razem, gdy staje przed jakimś problemem, Pantagruel zwraca się do książek, takich jak traktaty o architekturze czy dzieła o znakach);

- używa precyzyjnego i specjalistycznego słownictwa, zwłaszcza z dziedziny prawa, a nawet wyjaśnia niektóre sytuacje związane z prawem (w szczególności wyśmiewa żargon prawniczy w rozdziałach 11-13) i medycyną;

- zajmuje się również elementami kultury, które są bezpośrednio inspirowane codziennością: uprzedzeniami narodowymi (mieszkańcy Bourbon mają duże uszy), zawodami i ich reputacją (garncarze z Villedieu w Normandii) oraz powszechnym zdrowym rozsądkiem ("Zrozumiałeś to wszystko? To wypij dobry łyk bez wody! Bo jeśli nie wierzysz, to 'Ja też nie' – powiedziała", s. 21).

Dostarcza też swoim współczesnym exempla. Są to prawdziwe lub fikcyjne anegdoty o ludziach lub zwierzętach z pozytywnym lub negatywnym morałem, które renesansowi autorzy wykorzystali do zilustrowania swoich idei. Mają one na celu nauczanie poprzez uświadomienie czytelnikowi danej koncepcji i pomoc w jej zapamiętaniu. Na przykład Agesilaus służy jako przypomnienie o cnocie Spartan (s. 80), a historia lwa i lisa uczy czytelnika o higienie ran.

Wreszcie Rabelais wykorzystuje śmiech także do edukowania swoich czytelników. Czyni to zgodnie z łacińskim porzekadłem dotyczącym komedii: *castigat mores ridendo* ("śmiech poprawia obyczaje"). Śmiech jest więc narzędziem edukacyjnym, które pozwala autorowi delikatnie piętnować uchybienia współczesnych, aby ci zmienili swoje postępowanie. Rabelais stosuje głównie:

- parodia: jego powieść parodiuje romanse rycerskie (w szczególności z rodem bohatera, rozdział 1), a on sam włącza wiele wymyślonych tytułów, gdy wymienia książki w bibliotece;

- język.

# Mowa i język

## *Nieustanny strumień słów*

Język jest niezwykle ważny w pisarstwie Rabelais'go. Jego bohaterowie mają niepohamowaną potrzebę mówienia i robią to w sposób szybki, nieuporządkowany: ich mowa to werble, jak w przypadku Gargantui opłakującego swoją żonę (rozdział 3). Z reguły wszystko służy za pretekst do wyjaśnienia (narodziny i imię Pantagruela) lub wyliczenia (zawartość worków Panurga). Rabelais stale stosuje dialogi i cytaty, które wydłużają tekst. Używa też siermiężnego, potocznego języka i nie zastanawia się nad bezpośrednim zwróceniem się do czytelnika ("Słuchaj teraz, ty dupo-pizdo", s. 208). Wszystkie te techniki tchną w tekst życie.

## *Języki*

Jak wielu jego kolegów humanistów, Rabelais wierzył, że język jest podstawą edukacji. Rzeczywiście, bez języka człowiek nie ma człowieczeństwa i nie jest lepszy od zwierzęcia. Nie wystarczy jednak znajomość jednego języka: oprócz łaciny niezbędne są także języki podstawowe, takie jak greka i hebrajski. Rabelais uważa, że język powinien być prosty i poprawny, i wyśmiewa niezrozumiały bełkot studenta z Limousin, który miesza francuski z łaciną. Panurge, który jest prawdziwym poliglotą, przedstawiony jest jako wzór wiedzy językowej.

Język jest dla Rabelais'go również źródłem komizmu. Aby rozśmieszyć czytelnika, autor nie waha się używać dosadnego, siermiężnego języka skoncentrowanego na dolnych częściach ludzkiej anatomii: mówi na przykład o "pachołkach" (s. 17), "kutasach" (s. 82) i "kutasach". Nawet użycie gwary służy jako pretekst do użycia wulgarnych słów (mężczyźni z Lucona pierwszy dzwonek na jutrznię nazywają "podrap-po-jajach", s. 137). Używa też słownictwa skatologicznego, czyli odnoszącego się do ekskrementów: na przykład często używa takich słów jak "szczać" (tamże), "pierd" (s. 81) i "gówno" (s. 33).

Ponadto Rabelais wykorzystuje pełną gamę języka, aby wywołać śmiech. W ten sposób tworzy daleko idące etymologie: na przykład podaje niewiarygodne wyjaśnienie pochodzenia nazw miejsc, w których znajdują się źródła gorącej wody. Lubi też bawić się językiem, parodiując żargon (rozdziały 12 i 13), stosując grę słów (rozdział 7) i wymyślając nowe słowa.

## Religia

W całej opowieści Rabelais piętnuje ekscesy chrześcijaństwa (takie jak sprzedaż odpustów, które zmniejszają lub likwidują kary, jakie spotykają chrześcijan za ich grzechy) czy odstępstwa od prawdziwej wiary (ciągłe odwoływanie się do świętych). Jednak mimo wielu krytycznych uwag pod adresem religii, Rabelais nie jest antyreligijny: sam był członkiem dwóch zakonów. Ponadto musimy pamiętać, że w XVI wieku niemożliwe było myślenie poza ramami religijnymi.

W powieści postać Pantagruela ilustruje idee Rabelais'go na ten temat, zwłaszcza gdy modli się on przed swoją bitwą z Loup Garou (rozdział 29). W tej wypowiedzi okazuje się, że:

- człowiek musi zaufać Bogu i działać zgodnie z Jego nakazami;

- Bóg toleruje wojnę tylko w obronie (w ten sposób Rabelais krytykuje wojny podjazdowe prowadzone przez Francję, Anglię i Święte Cesarstwo Rzymskie);

- należy głosić tylko czystą Ewangelię (czyli taką, która nie zawiera interpretacji poprzednich komentatorów lub błędów w tłumaczeniu).

Ponadto Rabelais krytykuje średniowieczne glossy (komentarze mnichów w średniowieczu) i opowiada się za powrotem do oryginalnych języków Biblii, takich jak grecki i hebrajski, aby zrozumieć doktrynę chrześcijańską i pozostać bliżej jej pierwotnego znaczenia.

W XVI wieku wielu uczonych przyjęło koncepcje ewangelicyzmu. Ruch ten powstał w kręgach europejskich humanistów po ponownym odkryciu tekstów z czasów antycznych. Starając się rygorystycznie redagować te teksty, uświadomili sobie błędy kopiowania w tekście Biblii oraz krążące złe tłumaczenia. Autorzy ci zachęcali więc do powrotu do oryginalnego tekstu i nauki języków starożytnych, aby lepiej zrozumieć biblijne opowieści.

## Parodia romansów rycerskich

Choć w prologu i na końcu Rabelais przedstawia swoją książkę jako kronikę, szybko orientujemy się, że w rzeczywistości jest to parodia romansów rycerskich, która opowiada o "przerażających czynach i wyczynach Pantagruela" (s. 13).

Termin "romans rycerski" pierwotnie odnosił się do utworów prozatorskich w językach takich jak starofrancuski, anglonormański, okcytański i prowansalski (w odróżnieniu od łaciny) zaadaptowanych z opowieści o miłości dworskiej i *chansons de geste* z XI i XII wieku. Ze względu na swoje pochodzenie romanse rycerskie przypominają eposy starożytności przedstawiające przygody mitologicznych bohaterów. Romanse rycerskie koncentrują się na rycerzu, jego przygodach i miłostkach, zawierają elementy fantastyczne. Inne charakterystyczne elementy tego gatunku to przywiązywanie wagi do genealogii i rodowodu, opozycja dwóch społeczności o dane terytorium oraz opozycja dobra i zła.

*Pantagruel* ma wiele podobieństw do romansów rycerskich:

- Interwencja nadprzyrodzona: opowiada historię olbrzyma z Utopii (słowo to dosłownie oznacza "brak miejsca").
- Czytelnik śledzi wyczyny bohatera po całej Francji i nie tylko (przenoszenie bardzo ciężkiego dzwonu; walka z Loup Garou, rozdział 29) oraz jego perypetie miłosne (rozdział 26).
- Drzewo genealogiczne Pantagruela zostaje nakreślone już w pierwszym rozdziale, a zaraz po dotarciu do Poitiers odwiedza grób dalekiego przodka (rozdział 5).
- Walka Pantagruela z Loup Garou, który najechał Utopię, przywołuje na myśl wyprawy krzyżowe, motyw powracający w *chansons de geste*. Wrażenie to potęguje fakt, że Pantagruel, symbolizujący żołnierza chrześcijańskiego, odwołuje się do Boga, podczas gdy Loup Garou modli się do Mahometa.

Wybór tego gatunku przez Rabelais'go można tłumaczyć dużym powodzeniem romansów rycerskich wśród publiczności i ich dużym nakładem dzięki drukowi. Ponadto we Włoszech (które Rabelais wielokrotnie odwiedzał) dużą popularnością cieszyły się eposy, zwłaszcza autorstwa Ariosto (1474-1533). Rabelais pisał więc dla publiczności, która dobrze znała ten typ powieści i bez wątpienia porównałaby je z *Pantagruelem*.

Jednak Rabelais nie podjął po prostu romansu rycerskiego takim, jakim był: sparodiował go. Jego celem nie było ośmieszenie literatury średniowiecznej, ale ponowne wykorzystanie cech romansów rycerskich w oryginalny sposób, aby stworzyć nowy gatunek fikcyjny, który łączył rzeczywistość i fikcję, kronikę i powieść.

# DALSZA REFLEKSJA

## KILKA PYTAŃ DO PRZEMYŚLENIA...

- Wyjaśnij rolę listu Gargantui w książce. Do czego się on odnosi? W świetle tego rozdziału i całej książki, co oznacza "Nauka bez sumienia jest tylko ruiną duszy" (s. 49)? W jaki sposób podsumowuje to idee Rabelais'go?

- Jaką rolę lub jakie role odgrywają w *Pantagruelu* języki i słowa? Dlaczego Rabelais przywiązuje do nich tak wielką wagę?

- W jaki sposób Rabelais próbuje uniknąć cenzury? Jakich rad udziela swojemu czytelnikowi?

- Dlaczego specjaliści mówią o "kulturze popularnej" i "kulturze uczonej" w pisarstwie Rabelais'go? Zilustruj swoją odpowiedź przykładami.

- Jak opisałbyś śmiech w pisarstwie Rabelais'go? W przypadku jakich tematów jest on wykorzystywany? Jakie cele przyświecają autorowi w stosowaniu tego podejścia?

- W ostatnim rozdziale narrator zwraca się do "Pantagruelistów". Kim oni są? Jakich idei bronią? Wyjaśnij swoją odpowiedź.

- Dokonaj analizy parowania Pantagruela i Panurga. Jakie są podobieństwa i różnice między tymi dwoma postaciami? Na czym opiera się ich przyjaźń?

- Czy powieść można określić jako realistyczną? Uzasadnij swoją odpowiedź.

- Twoim zdaniem, dlaczego Rabelais zdecydował się uczynić swojego bohatera olbrzymem?

# DALSZE CZYTANIE

## WYDANIE REFERENCYJNE

Rabelais, F. (2006) *Gargantua i Pantagruel*. Trans. Screech, M.A. London: Penguin.

## BADANIA REFERENCYJNE

Bakhtin, M. (2009) *Rabelais and His World*. Bloomington, Indiana: Indiana University Press.

Merritt, Y. (No date) The Unquenchable Thirst to Understand: Francois Rabelais' Satire of Medieval and Renaissance Learning In "Gargantua and Pantagruel". *Ampersand: the science of art; the art of science*. [Online]. [dostęp 3 kwietnia 2017]. Dostępny w: <http://itech.fgcu.edu/&/issues/vol2/issue2/rabelais.htm>.

Gioia, T. (bez daty) "Gargantua i Pantagruel" François Rabelais'a. *Conceptual Fiction*. [Online]. [dostęp 3 kwietnia 2017]. Dostępny w: <http://www.conceptualfiction.com/Gargantua_and_Pantagruel.html>.

O'Brien, J. ed. (2010) *The Cambridge Companion to Rabelais*. Cambridge: Cambridge University Press.

*Chcemy usłyszeć od Ciebie, co się dzieje!*
*Zostaw komentarz na temat swojej internetowej biblioteki*
*i podziel się swoimi ulubionymi książkami w mediach społecznościowych!*

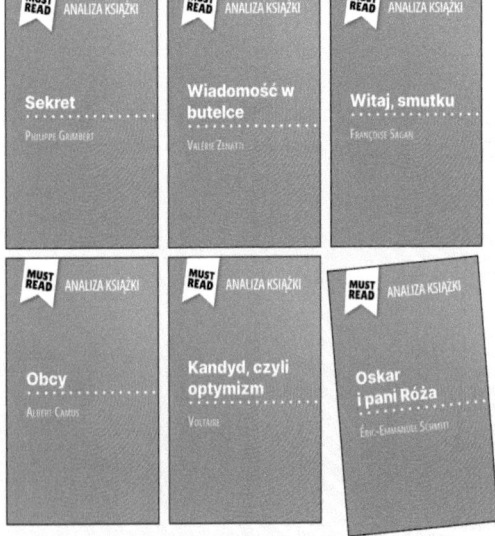

Wydawca zapewnia o wiarygodności publikowanych informacji, co jednak nie może wiązać się z jego odpowiedzialnością.

www.50minutes.com

Master ISBN: 9782808695121
Papierowy ISBN: 9782808616522
Depozyt prawny: D/2023/12603/1932

Verhaal: © Primento

Projekt cyfrowy: Primento, cyfrowy partner wydawców.